Jeevan Dhara

जीवन धारा - एक बूंद की कहानी पूरे सागर का एहसास

उषा शर्मा

BookLeaf Publishing
India | USA | UK

Made with ❤ on the BookLeaf Publishing Platform
www.bookleafpub.in
www.bookleafpub.com

Dedication

समर्पण

यह पुस्तक
मेरे जीवन की जड़ों
मेरी माता श्रीमती रामा देवी
और
मेरे पिता श्रद्धेय पंडित श्री रामचंद्र जी शास्त्री
(प्रधानाचार्य, संस्कृत महाविद्यालय, पुष्कर-अजमेर)
को सादर समर्पित है।
पिताजी
जिनके संस्कार, अनुशासन और जीवन-दृष्टि ने
मेरे व्यक्तित्व को दिशा दी,
और जिन्होंने मुझे यह सिखाया
कि जीवन केवल जीया नहीं जाता,
उसे समझा और निभाया भी जाता है।
साथ ही यह समर्पण
मेरे अपने जीवन को भी है
जिसने मुझे हर पड़ाव पर
स्वीकार करना, सीखना
और प्रेम के साथ आगे बढ़ना सिखाया।

Preface

भूमिका

जीवन मेरे लिए एक सतत सीखने की प्रक्रिया रहा है। मातृत्व के दौरान जब मैंने एक साथ तीन पीढ़ियों को जीते, बढ़ते और बदलते देखा, तब भीतर अनेक भाव एकत्र होने लगे। उन्हीं भावों को समेटने और परिवार को एक भावनात्मक सूत्र में बाँधे रखने के लिए लेखन ने मेरा हाथ थामा। ये कविताएँ किसी मंच या प्रकाशन के उद्देश्य से नहीं, बल्कि मेरी निजी डायरी के पन्नों पर जन्मीं। अपने जीवन के तैंतीस वर्षों के शिक्षण कार्य और सेवानिवृत्ति के शांत समय में इन अनुभूतियों को शब्दों का रूप मिला। यह काव्य-संग्रह मेरे जीवन के विभिन्न पड़ावों, बचपन की सरलता, युवावस्था के स्वप्न, प्रेम और विवाह की जिम्मेदारियाँ, मातृत्व का विस्तार, संघर्ष और टूटन के क्षण, तथा अंततः स्वीकार और शांति की ओर बढ़ते बुढ़ापे, से होकर गुजरता है। ये कविताएँ आत्मकथात्मक होते हुए भी हर उस व्यक्ति के जीवन को स्पर्श करती हैं जो समय की धारा में बहते हुए सीखता और स्वीकार करता है। मैं जीवन को कर्तव्य, सीख और ईश्वर की लीला के रूप में देखती हूँ, एक ऐसी नदी की तरह जो निरंतर बहती रहती है। अध्यात्म, स्त्री चेतना और कर्म-समय की समझ ने मेरे दृष्टिकोण को आकार दिया है, और मेरे लिए बुढ़ापा भय नहीं, बल्कि शांति का पड़ाव है। यदि इस पुस्तक को पढ़कर पाठक यह महसूस करे कि जीवन सुंदर है और परिवार उसका सबसे सशक्त आधार, तो मेरी लेखनी सफल है।

Acknowledgements

आभार

इस काव्य-संग्रह के पीछे अनेक ऐसे हाथ और हृदय हैं, जिनका योगदान मौन रहकर भी गहरा रहा है। सर्वप्रथम अपने श्रद्धेय पिताजी, पंडित श्री रामचंद्र जी शास्त्री के प्रति मैं हृदय से कृतज्ञ हूँ जिनके संस्कार, अनुशासन और जीवन-दृष्टि ने मेरे विचारों को दिशा दी। अपनी माता श्रीमती रामा देवी, सासू माँ पूजनीय तारा देवी और जीवनसाथी श्री देवकी नंदन शर्मा के सहयोग, धैर्य और विश्वास के बिना यह यात्रा संभव नहीं होती। मेरे बच्चे गौरव, गुंजन और गरिमा ,बहुएँ सोना शर्मा और ऋतु त्रिवेदी, दामाद सुभाष दत्त व्यास तथा मेरे नाती-पोते ध्रुव, काव्या, कियाना, गर्वित और हार्दिक आप सभी मेरे जीवन की सबसे बड़ी पूँजी हैं। विशेष रूप से अपनी बेटी के प्रति आभार व्यक्त करती हूँ, जिसने इस पुस्तक को आकार देने में सहयोग दिया और मेरी लेखनी पर विश्वास रखा। यह पुस्तक मेरे जीवन के हर उस संबंध को समर्पित है, जिसने मुझे मनुष्य बने रहना सिखाया।

1. नन्ही सी बूंद

मैं हूँ इक नन्ही सी बूंद,
डोल रही हूँ इधर-उधर,
खोज रही इस नभमंडल में
अपना कोई प्यारा घर।
जिसने मुझको पाल-पोस कर
लाया इस भूमंडल पर,
उसी सहारे पूरे कर लूँ
सपने सारे जीवन भर।
कुछ सपने थे अधूरे मेरे,
अपनों से मुँह मोड़ चुकी थी,
भटक रही थी राहों में मैं,
खुद से ही दूर हो चुकी थी।
अभी चाहिए माँ इक मुझको,
रहूँ जहाँ सुरक्षित हर पल,
ममता की उस मीठी छाया में
मिल जाए जीवन का संबल।
ये पुकार मुझे क्यों खींचे,
मन बोले, ये जाना रूप है,
ओह! ये तो वही स्नेह भरा आँचल,
जिसमें मेरा सारा सुख है।

वो मुझको ही ढूँढ़ रही थी,
मैं भी उसको ही खोज रही थी,
नज़रों से नज़रों ने मिलकर
अपनी पहचान कह दी थी।
मिली बूंद सागर में जाकर,
ममता ने बाहों में भर लिया,
एक नया संसार सजाने को
जीवन ने फिर जन्म लिया।

2. छिपी हुई सी खुशी

मिल गई दोनों को खुशियाँ,
भूख-प्यास सब एक हो गए,
सुख-दुःख सारे साथ बँध गए,
दिल के धागे नेक हो गए।
उल्टी, मितली, मिचली को वह
हँसकर सब सह जाती थी,
दर्द-पीड़ा की हर लहर को
ममता तले दबा जाती थी।
सुंदर सपनों को जीने की
चाह में वो मुस्काती थी,
उसकी हर इक धड़कन संग
मैं भी धीरे बढ़ जाती थी।
दिन पर दिन और माह बीत गए,
वो हँसती तो मैं भी हँसती,
खाती-पीती, गुनगुनाती,
मैं भी भीतर कूद मचलती।
मन में इक उत्सुकता जागी,
दुनिया को अब देख सकूँ,
उसकी सूरत, उसका चेहरा
अपनी आँखों से देख सकूँ।

उसकी पुकार और ममता को
जी भरकर महसूस करूँ,
बहुत हुआ अब, जाने दो माँ,
तेरी गोदी में आ उतरूँ।
बाहर आकर देखूँ तुझको,
अब तक बिन आँखों पहचाना,
कितनी सुंदर, कितनी प्यारी,
तू ही मेरा सारा ठिकाना।
छोटे-छोटे डग भर-भर कर
तेरे संग ही चलना है,
तेरी हर इक साँस में रहकर
तेरा कर्ज़ चुकाना है।
तेरी गोदी मेरा सिंहासन,
तेरा आँचल मेरी छाया,
लो माँ, अब मैं आया-अाया,
तेरा मेरा मन हरषाया।

3. उड़ान और वापसी

देखो, सुनो, अरे क्या-क्यों,
कैसे, किसको, ये ना लो,
खेल-कूद कर, हँसते-गाते
बचपन अपना जी भर खो।
पलना, ममता, मोह छिटक कर,
मन में फूला फिरूँ मटक कर,
अल्हड़ बनकर उछल-मचल कर,
छूने लगा गगन मैं उड़कर।
पाँव नहीं अब धरती पर हैं,
दूर गगन में डोल रहा हूँ,
पूरी ताकत अपने पंखों में
घोल-घोल कर खोल रहा हूँ।
नया आसमाँ, नए हैं पंख,
हर पल खुद पर फूल रहा हूँ,
दुनिया मेरी मुट्ठी में है,
ऐसा सोच मगन रहा हूँ।
तभी अचानक झोंका आया,
उसने मुझको ये समझाया,
"बिना सोच यूँ उड़ते जाओ,
फिर न अपनी मंज़िल पाओ।

सोच-समझ कर कदम बढ़ाओ,
तभी मनचाहा फल तुम पाओ।"
सुनकर मन धरती को तरसा,
घर लौट आने को ललचाया।
कैसे भूल गया उस घर को
जिसने प्यार से था अपनाया,
क्यों मैं भूला उस ममता को
जिसने मुझ पर सर्वस्व लुटाया।
नए पंख पाने की होड़ में
अपना ही सम्मान घटाया,
मर्यादा सब भूल गया था,
मन ही मन फिर खूब पछताया।
तभी हवा का झोंका आया,
जानी-पहचानी खुशबू लाया,
ये तो वही स्नेहिल आँचल,
जिसने मुझको गले लगाया।
प्रेम, तपस्या, त्याग की मूरत,
ममता की वो सच्ची सूरत,
ना वो बोली, ना मैं बोला,
आँखों में बस भाव था भरपूर।
बाँहें फैलाकर जब उसने
मुझको अपने पास बुलाया,
कूद पड़ा मैं सिमट के उसमें,
माँ का आँचल फिर से पाया।
मोती जैसे आँसू झर-झर,
चारों आँखों से बरसाए,
पछतावे ने मन धो डाला,

चैन की नींद फिर से आए।

4. एकता का घर

मंदिर–मस्जिद के बीच है मेरा घर,
एक ही सुर में दोनों की पुकार,
मंदिर भजनों से गूँज उठे,
मस्जिद बोले अज़ान हर बार।
आस्था और विश्वास की खुशबू
हवा में घुलती जाए,
बच्चे-बूढ़े सब पहचानें
कब घंटी, कब अज़ान सुनाए।
त्योहारों से हम सब परिचित,
दोनों के सुर में सुर डोले,
खीर-सेवइयाँ, लड्डू-पेड़े,
ढोल-नगाड़े, तुरही बोले।
भीड़-भाड़ और चहल-पहल में
गली-मोहल्ले हँसते-खेलें,
क्या मेरा और क्या है तेरा,
मिल-बाँट कर सब संग झेलें।
मिलकर खाते, मिलकर जीते,
जाति-पांत से क्या लेना,
जाने क्यों फिर लोग झगड़ते,
क्यों इतना ना वे समझें ना।

देश एक है, खून एक है,
माटी-मजहब सब हैं नेक,
एक ही माँ की संतानें हम,
कैसे बाँटें उसका एक।
भाई-भाई यदि रूठ भी जाएँ,
दीवारें हम खिंचने देंगे?
अपनी भारत माँ को बोलो,
क्या टुकड़ों में बँटने देंगे?
शंख, श्लोक, घंटा, अज़ान,
आरती, कलमा और नमाज़,
गीता, कुरान और आयत का
करते दिल से हम गुणगान

5. जीवन की समझ

मन के किसी एक कोने में
कभी कसक हुआ करती थी,
बीते पलों की हल्की चुभन
चुपके-चुपके रहा करती थी।
अब उससे नहीं रहा नाता,
उम्र की सीढ़ियाँ चढ़ते-चढ़ते,
जीवन जब आधा रह जाता,
सच अपने आप समझ में आता।
पूर्णता की अब चाह नहीं है,
ना कोई बड़ी हसरत है,
बस खुद को समझ सकूँ इतना,
यही मन की एक जरूरत है।
ऐसा-वैसा छोड़ चलो ना,
इसका-उसका भूल चलो ना,
तेरा-मेरा क्यों बाकी अब,
ऊँच-नीच से दूर चलो ना।
खुशियों को बिखराने मत दो,
फूहड़ता को आने मत दो,
आँखों को यूँ झरने मत दो,
पाँवों को अब फिसलने मत दो।

मानवता को गिरने मत दो,
विश्वास कभी खोने मत दो,
आस्था की ज्योति जलाए रखो,
दिल को यूँ ही रोने मत दो।
जो पीछे छूटे रिश्ते सारे,
दूजे क्या, अपने भी रूठे,
फिर पकड़ नहीं पाओगे उनको,
जग-जीवन यूँ ही छूटे।
आओ मिलकर प्यार बचाएँ,
सादगी से जीवन अपनाएँ,
जब तक साँसें साथ हैं अपने,
हँसते-गाते दिन बिताएँ

6. संदेश

एक खेत में दो पेड़ खड़े,
एक हरा, दो ठूँठ पड़े।
हरे के तो मज़े ही मज़े,
मोर-पपीहा डालों पे झूले।
आम, जामुन, बेर लगे,
हिलमिल सारे मौज करें,
देख ठूँठ फिर भी ना जले,
चुपचाप खड़ा सब कुछ सहे।
धीरे से वो कहता मुझसे,
"मैं भी था कल तेरे जैसा,
फल-फूलों से लदा हुआ था,
समय ने बदला रूप ये कैसा।"
मैं जाऊँगा, तुम आओगे,
यही जगत की चलती रीत,
मेरा समय गया है बीत,
यही जीवन की सच्ची प्रीत।
आज तुम्हारा, कल दूजे का,
कल दूजे का, आज तुम्हारा,
चलता रहता ऐसा चक्र,
जैसे बहता नदिया धारा।

इसमें हम तुम गाते गीत,
हँसते-हँसते जीते जीवन,
पेड़ों से मिलता है हमको
समय का ये सुंदर संदेश।

7. भूला हुआ वो कल

हाथी, घोड़े, ढोल नगाड़े,
गाड़ी-घोड़े, झांझ-मजीरे,
इक्का-दुक्का, तांगा-पालकी,
सब यादों में गए सिमट रे।
सबके संग थे प्यारे रिश्ते,
अपनेपन के मीठे किस्से,
आपा-धापी, भागम-भाग में,
खो गए वो सारे हिस्से।
सादा खाना, सादा ओढ़ना,
कहाँ रहा अब सादा जीना,
मंदिर की घंटी भी अब तो
सुनाई दे कभी-कभी ना।
मोटर, कार, ऑटो, रिक्शा,
इनकी भीड़ बढ़ी बेहिसाब,
काला धुआँ, काली सड़कें,
मन में भर गया संताप।
उजले तन पर काले मन की
एक परत और चढ़ती जाए,
स्वच्छ शांति की खोज में मन
नद-नालों की छाँव बुलाए।

कोई मुझको राह बता दे,
कोई फिर से पुकार लगा दे,
उन सादे दिनों से मिलवा दे,
बस वही जीवन लौटा दे।
सदा रहूँ मैं उनके संग,
न कोई और मन में आस,
सुकून भरा वो कल लौटा दे,
बस इतनी सी मेरी प्यास।

8. सपनों का सवेरा

रात के अँधेरे में,
नींद के घनेरे में,
देखा एक सपना,
फिर टूटा वो सपना।
टूटे हुए सपनों ने
बुन लिए सैकड़ों सपने,
बुनता चला मन यूँ ही
जब तक हुआ सवेरा अपने।
टूटी किरचों में भी
उम्मीद की रोशनी थी,
हर आँसू की बूंद में
नई कहानी छिपी थी।
सोचा, जो बिखरा है
वो फिर से सँवर जाएगा,
हर ढलती हुई रात के बाद
सूरज फिर उग आएगा।
अब डर नहीं टूटने का,
न हार का कोई साया,
सपनों की इस दुनिया ने
जीना मुझे सिखाया।

9. सफ़र ज़रूरत का

ज़रूरी से ज़रूरत का
सफ़र भी कितना अजीब है,
सब कुछ उलट-पुलट हुआ
ये कैसा बदनसीब है।
खाते थे लोग कसमें
कभी तेरी ही बातों की,
बातें आज भी ज़िंदा हैं
पर भीड़ में कमी है साथों की।
चेहरे वही, लफ़्ज़ वही,
पर अपनापन गुमसुम है,
रिश्तों की इस मंडी में
हर दिल थोड़ा-सा कम है।
पर गोल पहिया वक्त का
घूमकर फिर आएगा,
सूखी डाल पर भी देखना
नया पत्ता मुस्काएगा।
बदनसीब की राहों में भी
एक दिन नसीब खिल जाएगा,
जिसे समझा था अँधेरा हमने
वही सूरज बन जाएगा।

10. बोली की चोरी

तेरी गलती तो भी गलती मेरी,
मेरी गलती तो गलती मेरी,
बोलूँ तो भी मैं तेरी बोली,
ना बोलूँ तो बोली तेरी।
तुमरी बोली बोल-बोल के
हमारी बोली हो गई चोरी,
अपनी बातें भूल गए हम,
रह गई बस तेरी ही डोरी।
चोरा-चोरी होते-होते
मन भी जैसे हार गया,
सीना जोरी सहते-सहते
अपना अस्तित्व बिसार गया।
अब सोचूँ, कब तक यूँ ही
दूजों में खुद को खोना है,
अपनी बोली, अपनी पहचान
फिर से मुझको पाना है।

11. माँ का मन

मिलने को बिटिया से अब तो
ससुराल ही उसके जाना होगा,
हम तो हो गए पके पान से,
पर उसको सब समझाना होगा।
ऊँच-नीच और मान-प्रेम के
भाव तुम्हें समझना होगा,
मन घबराए, सोचें बार-बार,
जाऊँ या ना, कैसे जाऊँगा?
"बेटी के घर ना जाना, खाना"
पुरानी बातें मन समझाए,
"क्या लोग कहेंगे?" सोच-सोच
दिल खुद ही खुद को डराए।
फिर दिल के इक कोने से
धीमे से आवाज़ ये आई,
क्यों इतना तू सोच रही है,
देखो बदली दुनिया सारी।
बदल जाओ तुम भी अब तो,
ज्यों बदला है ये जमाना,
जाओ, खाओ, नेग चुकाओ,
खुशियों का दीप जलाना।

नातियों संग धूम मचाना,
हँसना, गाना, खेल खिलाना,
अपना और बिटिया का बचपन
फिर से जीना, फिर दोहराना।
कुछ अपना, कुछ उनका लेकर
प्यार का आँगन सजाना,
माँ-बेटी का ये रिश्ता प्यारा
जीवन भर यूँ ही निभाना

12. सुकून की राह

बच्चों सा दिल हो, भोली सी मुस्कान,
होठों पे खुशियाँ, माथे पे निशान।
हाथों में जयमाला, मन हो मालामाल,
चल पड़ा हूँ जाने किस ओर,
न कोई मंज़िल, न कोई ख्याल।
चला जा रहा... कहाँ?
कुछ भी नहीं है पता,
डगर है किधर,
शायद इस तरफ... ज़रा।
जहाँ कुछ सूना-सूना सा है,
पर शांति की खुशबू बिखरी है वहाँ,
सुख-संतोष की ठंडी हवा
धीरे-धीरे बहती है जहाँ।
ना शोर, ना कोई चाहत भारी,
ना दौलत का कोई जंजाल,
बस मन हल्का, दिल निर्मल,
जैसे मिल गया हो अपना हाल।
सुकून मिल ही गया आखिर,
जिसके लिए जहाँ से था चला,
खुद को पाया उस राह में

जहाँ बस प्रेम और शांति मिला

13. मेरा आईना मेरा वजूद

ये कैसा वहम पाल रखा है,
जैसे-तैसे खुद से खुद को संभाल रखा है।
भीड़ में हँसते चेहरे हैं लेकिन,
दिल ने ग़मों का जाल बिछा रखा है।
दिखता नहीं आईने में वजूद अपना,
कौन सा चेहरा आज लगा रखा है?
आईने ने भी जाने क्यों
आईने में खुद को छिपा रखा है।
ढूँढती हूँ जब सच अपनी आँखों में,
धुंधला-सा हर ख्वाब दिखा रखा है,
शायद एक दिन हिम्मत करके
मैंने ही खुद को भुला रखा है।
पर जिस दिन परतें हटेंगी सारी,
सच सामने आ जाएगा,
खोया हुआ ये 'मैं' मेरा
फिर से मुस्कुरा जाएगा।

14. उन्मुक्त गगन

पंछियों की चुकुर-चिकचिक,
गिलहरी की टिकुर-टुक-टुक,
फूलों की लहर, मधुर-मधु,
कह रही, सुन लूँ ज़रा कुछ।
हम स्वतंत्र, स्वच्छंद देखो,
बंधन हमको भाता नहीं,
खुले गगन की राहों में
कोई डर समझ आता नहीं।
ले चलो तुम भी संग हमारे,
छोड़ो जग की ये दीवारें,
धरा पे क्या है रखा आखिर,
मन क्यों बाँधे बेड़ियाँ भारी?
आसमान ही घर है अपना,
नीलांबर की शीतल छाया,
गगन की उन्मुक्त काया में
हर प्राणी ने सुख पाया।
आओ पल भर उड़ना सीखें,
मन को भी पर लग जाएँ,
प्रकृति की गोदी में जाकर
खुद से फिर मिल जाएँ।

15. शून्य के उस पार

डर था जिससे कभी,
वो अब खत्म हो चुका है,
प्रेम, घृणा, क्रोध, नफ़रत ,
सब जैसे रीत चुका है।
भावनाओं के चरम से गुज़रकर
मन अब शून्य-सा लगने लगा है,
हँसी भी अब आधी लगती है,
रोना भी गुम-सा लगने लगा है।
एक दंभ था तेरे साथ का,
वही अब वहम-सा लगता है,
जो सच समझा था जीवन भर
क्यों सपना-सा लगता है।
ज़िंदगी, तू ऐसी तो ना थी,
फिर क्यों अपनों से गिला लगता है,
भीड़ भरे इस मेले में भी
दिल क्यों इतना तन्हा लगता है।
पर है अभी कुछ बाकी शायद,
एक डोर कहीं जुड़ी हुई है,
तेरे बिना ये सारा जहाँ
सूना-सूना, अधूरा-सा लगता है।

16. माँ की खिड़की

माँ की चुटकी, माँ की घुड़की,
माँ की दमड़ी, माँ सी चमड़ी,
डाँट में भी छुपा था प्यार,
ममता रहती सदा अडिग सी।
जबसे छोटी हुई ये दुनिया,
पास-दूर की दूरियाँ घटीं,
पर माँ की गोदी वैसी ही,
उसमें सारी थकान सिमटी।
चाहे जो भी, जैसा भी हो ले,
समय बदल दे कितनी सूरत,
माँ की आँखों में वैसा ही
बचपन रहता भरपूर मूरत।
रूठो तो वो पहले माने,
टूटो तो वो खुद बिखर जाए,
दुनिया लाख बदलती जाए
माँ का दिल ना बदल पाए।
ममता की खिड़की ना सिकुड़ी,
खड़ी वहीं है, अड़ी वहीं है,
इसलिए तो सबसे बड़ी वही है।

17. फिर दिवाली आएगी

फिर हर घर दिवाली आएगी
एक प्यारी सी बिटिया मेरी,
और प्यारा सा बेटा,
मेहनतकश है जीवन साथी,
धर माथे पे बोझा।
चले कदम से कदम मिलाकर,
धूप-छाँव सब सहते हैं,
रोज़ी-रोटी की भूख मिटाने
दिन-रात मेहनत करते हैं।
आया एक दिन अकाल का राक्षस,
घर-संसार मिटाने को,
सूनी चौखट, बुझते चूल्हे,
सपनों को डराने को।
घर टूटा और काम भी छूटा,
लेकिन उसका संग न छूटा,
हाथों में हाथ रहे जब तक
हौसला कभी न रूठा।
फिर आएगा नया दौर देखना,
जीवन फिर महकाएगा,
ये पटरी जो खाली-सूनी है

सबको मंज़िल पहुँचाएगी।
धीर धरो बस कुछ दिन बाकी,
अँधेरा भी ढल जाएगा,
मेहनत की हर एक किरण से
फिर हर घर दिवाली आएगी।

18. ऊँची उड़ान

समंदर की लहरों से ऊपर
देख रही थी मैं एक दिन,
कुछ कौवे किनारों पर
भूख मिटाने में थे मग्न।
उड़ते, गिरते, बार-बार
कोशिश करते जाते थे,
छोटी-छोटी छींटों में ही
अपना जीवन पाते थे।
मगर जो ऊपर नज़र गई तो
दृश्य निराला दिखा वहाँ,
एक चील थी पंख पसारे
नील गगन की गोद जहाँ।
लहरों की हलचल से दूर,
कौवों की चटपट से दूर,
शांत, स्थिर, अपनी धुन में,
न घबराहट, न कोई शोर।
तब समझ आया जीवन का,
ऊँचे होते हैं जो इंसान,
धारों के उल्टे बहते हैं,
रखते अपना एक ही ध्यान।

सादा जीवन, उच्च विचार,
मन में निर्मलता अपार,
प्रसन्न रहे जो हर परिस्थिति,
वही करता जीवन साकार

19. अभी खुशबू बाकी है

कहते हैं –
सूखे फूलों में खुशबू कहाँ,
बूढ़े हो गए हो, हिम्मत कहाँ।
सूख गए हो, पानी कहाँ,
निचोड़े गए हो, रस कहाँ।
बुझ गए हो, चमक कहाँ,
बेरंग हो तुम, रंग कहाँ।
नहीं... नहीं... ऐसा ना बोलो,
इंसानियत की खुशबू घोलो।
पर्वत-सी हिम्मत अब भी है,
मन में विश्वास अडिग ही है।
आँखों में पानी भरपूर था,
बोली रस से लबरेज़ थी,
चंदा जैसी चमक थी मुझमें,
हर साँस में इक तेज़ थी।
मुझमें भी थी वो खुशबू,
जिससे जीवन रस भरपूर,
रंग-बिरंगी सी इक दुनिया,
जिसमें था सुकून भरपूर।
प्रेम, प्रीति और मान की दुनिया,

एक-दूजे के भान की दुनिया,
अजब, निराली, सुंदर दुनिया ,
दिल से दिल की पहचान की दुनिया।
आज भले ही फूल सूखा हो,
पर जड़ में नमी अभी बाकी है,
जो समझे दिल की सच्चाई को –
उसमें खुशबू अभी बाकी है।

20. बस इतनी चाह

किसी को चाह अवसर की,
किसी को है दौलत की प्यास,
कोई माँगे हैसियत ऊँची,
कई को प्रेम की है आस।
कोई मान-सम्मान का भूखा,
कोई रिश्तों का प्यासा है,
किसी का पेट अभी खाली,
किसी की जेब में पैसा है।
मुझे जितना दिया मालिक,
तेरी ये बड़ी मेहरबानी है,
सुख-संतोष का धन देकर
भर दी मेरी झोली खाली है।
तेरी भक्ति की यादों में
मुझे सब साफ़ दिखाई देता,
तेरे नाम की छाया में
मन को सच्चा सुख ही मिलता।
रहम रखना सदा ऐसा,
कि मैं जैसा हूँ बस तेरा हूँ,
अपने चरणों की शरण में रख,
यही प्रार्थना घेरा हूँ।

बस इतनी चाह मेरी है,
सदा मन में बसे रहना,
तेरा नाम रहे साँसों में,
और कुछ न मुझको कहना।

21. मन की बात

कभी-कभी मन में उठी छोटी सी भावना
धीरे-धीरे शब्द बन जाती है,
और वही शब्द कविता बनकर
जीवन की कहानी कह जाते हैं।
मेरी ये कविताएँ भी किसी कल्पना की उपज नहीं,
ये मेरे देखे हुए पल हैं,
मेरे जिए हुए एहसास हैं,
मेरे मन की सच्ची धड़कनें हैं।
कभी मैं एक नन्ही सी बूंद बनी,
जो माँ की ममता में सागर खोजती रही...
कभी एक बच्ची,
कभी एक माँ,
कभी समाज को देखती एक संवेदनशील मन।
कभी मंदिर की घंटियों में शांति मिली,
कभी अज़ान की आवाज़ में अपनापन...
कभी रिश्तों ने थामा,
तो कभी अनुभवों ने समझ दी।
जीवन ने जो भी सिखाया,
उसे शब्दों में पिरोती चली गई।
ये कविताएँ उसी यात्रा का संग्रह हैं ,

बचपन से समझ तक,
ममता से मानवता तक,
और एक बूंद से सागर बनने तक।
यदि मेरी पंक्तियाँ पढ़कर
आपके चेहरे पर मुस्कान आए,
मन को सुकून मिले,
या कोई अपना सा एहसास जागे,
तो समझूँगी मेरी लेखनी सफल हुई।
सप्रेम,
उषा शर्मा

www.ingramcontent.com/pod-product-compliance
Lightning Source LLC
LaVergne TN
LVHW050823051C26
849532LV00008B/3086